Formalités à remplir — — —
Justifications à produire

Par les PROPRIÉTAIRES

Pour obtenir :

L'INDEMNITÉ DE 50 %
le Sursis au payement
des Contributions

et les

Remises proportionnelles
des Impôts

Par MM.

A. POTIER
Magistrat,
Président de Con arbitrale.

F. POUPET
Avocat.

DÉPOT chez M. LOUIS
17, Rue du Général-Fromentin, à Alençon

1re ÉDITION — 2 fr. 50

Formalités à remplir - -

Justifications à produire

Par les PROPRIÉTAIRES

Pour obtenir :

L'INDEMNITÉ DE 50 %

le Sursis au payement des Contributions

et les

Remises proportionnelles des Impôts

Par MM.

A. POTIER
Magistrat,
Président de Con arbitrale.

F. POUPET
Avocat.

DÉPOT chez M. LOUIS
17, Rue du Général-Fromentin, à Alençon

LES PROPRIÉTAIRES
et la Loi du 9 Mars 1918

La loi du 9 mars 1918 a enfin mis un terme aux incertitudes que l'état de guerre laissait aux propriétaires sur le payement des loyers échus depuis le 1er août 1914.

A certaines conditions, **il leur sera accordé des indemnités** pour les loyers dont les locataires auront été **totalement exonérés**, ou pour lesquels ils auront **obtenu des réductions**, soit par la loi, soit par les Commissions arbitrales, soit par suite de conventions librement consenties.

Il leur sera accordé **un sursis pour le payement de leurs contributions** : la suspension de payement sera proportionnelle à la perte de revenu subie.

Ils auront droit **à une remise proportionnelle des impôts**, en cas de réduction ou d'exonération : cette remise sera proportionnelle à la perte de revenu subie effectivement par le propriétaire.

◇ ◇

Qui peut prétendre à l'indemnité

1º Les propriétaires **qui ne sont pas assujettis à l'impôt général sur le revenu**, à cause de la modicité de leur revenu net total annuel.

2º Ceux qui sont assujettis à l'impôt général sur le revenu, mais **dont le revenu net total annuel**, réduction faite de tous abattements et déductions prévus par la loi du 9 mars 1918, **ne dépasse pas** :

Cinq mille francs, dans les communes de moins de 100.000 habitants ;

Huit mille francs, dans les communes de 100.000 habitants et au-dessus et dans les communes dont la distance des fortifications de Paris est supérieure à 25 kilomètres sans excéder 40 kilomètres et ayant plus de 2.500 habitants,

Dix mille francs, à Paris, dans le département de la S ine et dans les communes de la banlieue, placées dans un rayon de 25 kilomètres des fortifications de Paris.

L'indemnité eu égard au revenu imposé

Le droit à l'indemnité pour pertes de loyer subies pendant une année est déterminé d'après le revenu assujetti à l'impôt général sur le revenu de l'année suivante :

C'est ainsi que le droit à indemnité, pour les pertes de loyer **subies du 1er août 1914 au 31 décembre 1915**, sera réglé d'après le montant du revenu imposé aux rôles de l'impôt général sur le revenu **pour l'exercice 1916**. Celui **de 1916**, d'après le montant du revenu **imposé en 1917**, etc.

Et si le revenu net total, pour lequel a été imposé le propriétaire, **a dépassé**, dans une année les chiffres de 5.000 fr., 8.000 fr. ou 10.000 fr., selon l'importance des communes, le propriétaire **n'aura droit**, pour cette même année, à **aucune indemnité.**

Taux de l'indemnité

L'indemnité sera de 50 % des loyers dont le locataire aura été déchargé, **sans qu'elle puisse,** ajoutée à la portion des loyers demeurés exigibles, **être inférieure aux charges de la propriété** correspondant aux locaux ayant fait l'objet d'une exonération ou réduction, annuités des créances hypothécaires, impôts et assurances compris.

En aucun cas, l'indemnité, ajoutée au revenu imposé à l'impôt général sur le revenu, ne pourra procurer aux bénéficiaires un émolument total annuel supérieur à 5.000 fr., 8.000 fr. ou 10.000 fr.

Demande de l'indemnité

La demande d'indemnité doit être adressée au directeur de l'enregistrement, des domaines et du timbre du département où se trouvent situés les immeubles qui ont donné lieu à exonération.

Délais

Les demandes en indemnité seront faites **au plus tard dans l'année qui suivra la cessation des hostilités.**

Elles pourront l'être dès la promulgation de la loi, c'est-à-dire **à partir du 12 mars 1918.**

Il sera délivré immédiatement **un récépissé de la demande.**

Forme

La demande **est écrite sur papier timbré** à 1 fr. — **complémenté** avant tout emploi, quand il s'agit d'une feuille à 0 fr. 60.

Elle renferme les indications suivantes :

1° Les **nom** et **prénoms** du pétitionnaire ;

2° **Sa profession** ;

3° Sa **résidence** et, en cas de pluralité de résidence, **sa résidence principale** ;

4° **L'objet de la réclamation** ;

5° Le **montant de l'indemnité sollicitée** ;

6° L'**exposé sommaire des motifs** qui sont de nature à justifier la demande.

Lorsque la demande émane d'une femme, elle indique si elle est **célibataire, mariée, veuve, séparée de corps** ou **de biens, ou divorcée.**

La demande constitue invariablement **la PREMIERE PIECE D'UN DOSSIER.**

Modèle de Demande (sur Timbre à 1 fr.)

A Monsieur le Directeur de l'enregistrement, des domaines et du timbre à

Je soussigné (*nom, prénoms, profession*),

(*Indiquer ici, s'il s'agit d'une femme,* si elle est : **célibataire, mariée, veuve, séparée de corps** *ou* **de biens** *ou* **divorcée**), résidant à   rue   n°

ai l'honneur de solliciter :

L'indemnité de 50 %, accordée aux propriétaires par la loi du 9 mars 1918, pour loyers définitivement perdus.

Le montant de l'indemnité demandée est de : (*Mettre la somme en toutes lettres*).

Pour les motifs suivants :

M (*nom, prénoms et profession du locataire*), à rue   n°   me devait une somme de : (*en toutes lettres*) pour loyers échus du (*date*) au (*date*) et par convention librement consentie le (*date*) 19   devant le Président de la Commission arbitrale de l'arrondissement d (*ville*), j'ai réduit ma demande à (*somme en toutes lettres*)

ou

M (*nom, prénoms, profession du locataire*) à   rue n^d   , non mobilisé, me devait une somme de (*en toutes lettres*) pour (*nombre*) années de loyer du (*date*) au (*date*), et a obtenu une réduction de (*somme en toutes lettres*), par décision de la Commission arbitrale de l'arrondissement d (*ville*) en date du :

ou

M (*nom, prénoms, profession, domicile*), inscrit sur les listes d'assistance aux vieillards *ou* attributaire de l'allocation militaire, etc., me devait une somme de : (*en toutes lettres*) pour années de loyer du (*date*) au (*date*), il est exonéré de droit.

Je ne suis pas assujetti à l'impôt général sur le revenu.

ou

Je suis assujetti à l'impôt général sur le revenu, mais mon revenu net total annuel ne dépasse pas 5.000 fr., 8.000 fr. ou 10.000 fr.

Ci-joint les pièces justificatives.

A   le   19.

(*Signature*).

Du bail

LA SECONDE PIECE est toujours **le bail** avec les variations inhérentes à sa forme ; il faut produire : **L'original du bail**, s'il est sous signatures privées ;

ou

Une copie de l'enregistrement du bail, que délivre le receveur de l'enregistrement qui l'a enregistré, si le bail est égaré ;

L'expédition en forme, si le bail est notarié ;

Une copie de la déclaration de cette location, si la location est verbale, copie que délivre le receveur d'enregistrement qui a reçu la déclaration.

ou

Une déclaration spécialement destinée à être jointe à la demande, si la déclaration verbale n'a pas été faite. (Les droits simples de cette déclaration seront imputés sur le montant de l'indemnité).

Modèle de Déclaration

d'une location verbale non enregistrée (sur papier libre)

Je soussigné (*nom, prénoms, profession, domicile du propriétaire*), déclare à Monsieur le Directeur de l'enregistrement, des domaines et du timbre que la location verbale consentie à mon locataire M (*nom, prénoms, profession, domicile*), à la date du   , location qui s'est continuée jusqu'à   , pour un loyer annuel de : (*somme en toutes lettres*), n'a pas été soumise aux formalités de l'enregistrement, selon la loi.

La présente déclaration est faite en conformité de l'arrêté

de M. le Ministre des finances du 10 mai 1918, titre II, article 3, paragraphe B, pour être jointe à ma demande d'indemnité.

A   . le   19   . .

.(*Signature*).

Autres pièces à produire

PRÉVISIONS DE L'ARTICLE 14
DE LA LOI DU 9 MARS 1918

LE LOCATAIRE EST MOBILISÉ OU NON MOBILISÉ, MAIS LE MONTANT DE SON LOYER EST SUPÉRIEUR AUX CHIFFRES PRÉVUS A L'ART. 15.

1º **Demande**.

2º **Bail**.

3º **Une copie de la décision** de la Commission arbitrale qui a fixé la réduction accordée au locataire, la dite copie certifiée conforme par le secrétaire de la dite Commission.

4º **Les avertissements** pour acquit de l'impôt général sur le revenu.

Celui de 1916 pour les années 1914 et 1915 ; celui de 1917 pour 1916.

ou

Les certificats de non-imposition sur le revenu, **un pour chaque exercice**. Ils sont délivrés par le percepteur.

PRÉVISIONS DE L'ARTICLE 15

Premier Cas

LE LOCATAIRE EST OU A ÉTÉ MOBILISÉ

1º **Demande**.

2º **Bail**.

3º **Un certificat du chef de corps**, établissant la date à laquelle remonte la mobilisation et, le cas échéant, la date à laquelle elle a cessé (*voir infra modèle*).

4º **Une attestation du locataire**, appuyée de toutes justifications utiles, faisant connaître le montant du traitement, du gain, de la rétribution ou du salaire qu'il recevait avant la guerre (*voir infra le modèle*).

ou

Un certificat émané du chef d'entreprise, chez lequel le locataire était employé avant la guerre.

ou

Tout autre document susceptible de fournir les renseignements nécessaires.

5º **Un certificat du maire** établissant :

Si le locataire est marié ou célibataire.

Le nombre des personnes (enfants de moins de 16 ans ou autres) à la charge du locataire.

Le nombre de fils ou de membres de la famille mobilisés, qui habitaient avec lui sous le même toit (*voir infra modèle*).

6º **Les avertissements** pour acquit de l'impôt général sur le revenu

ou

Les certificats de non-imposition (*un pour chaque exercice*).

Modèle de Demande
du certificat du chef de corps (sur papier libre)

A Monsieur le Commandant du dépôt
du   d'infanterie à

J'ai l'honneur de vous prier de bien vouloir me faire parvenir, pour être joint à une demande d'indemnité pour loyers impayés, et conformément à l'arrêté de M. le Ministre des Finances en date du 10 mai 1918 :

Un certificat établissant : 1º la date à laquelle M (*nom, prénoms, situation militaire du locataire*) a été mobilisé et celle à laquelle il a cessé de l'être.

2º Le montant du traitement, de la solde ou de la rétribution reçue par M (*nom, prénoms du locataire*).

3º La période de temps pendant laquelle il a reçu ce traitement, cette solde ou cette rétribution.

Veuillez agréer, etc.

(Signature).

Adresse (*du propriétaire*)

Modèle d'une attestation d'un locataire (sur papier libre)

Je soussigné M (*nom, prénoms, profession, domicile du locataire*) atteste qu'avant la guerre j'étais employé (*ou ouvrier ou encore journalier*) chez M. (*nom, prénoms, profession, domicile de l'employeur*), et que mon (*salaire ou mon traitement*) (*mensuel ou journalier*) était de (*somme en toutes lettres*).

Délivré à M (*nom, prénoms, domicile du propriétaire*), pour joindre à sa demande d'indemnité prévue par la loi du 9 mars 1918.

Fait à   le   19

(Signature).

Modèle de Demande
d'un certificat sur la situation de famille d'un locataire (^{sur papier libre})

A Monsieur le Maire à

J'ai l'honneur de vous prier de bien vouloir me faire parvenir **un certificat établissant** :

1º Si M (*nom, prénoms, profession, domicile du locataire*) est marié ou célibataire ;

2º Le nombre de personnes (enfants de moins de 16 ans ou autres) à sa charge ;

3º Le nombre de fils ou de membres de sa famille mobilisés qui habitaient avec lui sous le même toit.

Ce certificat est destiné à être joint à une demande d'indemnité pour loyers impayés, conformément à l'arrêté de M. le Ministre des Finances du 10 mai 1918.

Veuillez agréer, etc.

(*Signature*).

Adresse (*du propriétaire*).

PRÉVISIONS DE L'ARTICLE 15

Deuxième Cas

LE LOCATAIRE EST RÉFORMÉ A LA SUITE DE BLESSURES REÇUES OU DE MALADIE CONTRACTÉE OU AGGRAVÉE A LA GUERRE.

1º **Demande.**

2º **Bail.**

3º **Un certificat de réforme** faisant connaître la date à laquelle remonte la mobilisation et celle à partir de laquelle la mobilisation a cessé pour faire face à l'état de réforme.

Ce certificat fera connaître le montant du traitement, de la solde ou de la rétribution reçue par le locataire par suite de la mobilisation et, le cas échéant, pendant quelle période de temps le locataire a reçu ce traitement, cette solde ou cette rétribution.

4º **Un certificat du maire** établissant :

Si le locataire est marié ou célibataire ;

Le nombre des personnes (enfants de moins de 16 ans ou autres) à la charge du locataire ;

Le nombre des fils ou de membres de la famille mobilisés qui habitaient avec lui sous le même toit.

5º Les **avertissements** pour acquit de l'impôt général sur le revenu.

ou

Les **certificats** de non-imposition, un pour chaque exercice.

Modèle de Demande
d'un certificat de réforme (sur papier libre)

A Monsieur le Commandant du dépôt
du   artillerie à

J'ai l'honneur de vous prier de bien vouloir me faire parvenir, pour être joint à une demande pour loyers impayés et conformément à l'arrêté de M. le Ministre des Finances en date du 10 mai 1918 :

Un certificat de réforme du sieur (*nom, prénoms, situation militaire du locataire*) et relatant :

1º La date à laquelle remonte sa mobilisation ;

2º La date où sa mobilisation a cessé pour faire face à l'état de réforme.

Veuillez agréer, etc.   (*Signature*).

Adresse (*du propriétaire*).

(Voir page 12 le modèle de demande d'un certificat de situation de famille).

PRÉVISIONS DE L'ARTICLE 15

Troisième Cas

LE LOCATAIRE EST EXONÉRÉ DE DROIT, comme :

Attributaire de l'allocation militaire.

Attributaire de l'allocation des réfugiés.

Attributaire des secours de chômage régulièrement organisés par les communes et les départements.

Attributaire des secours permanents des bureaux de bienfaisance.

Inscrit sur les listes d'assistance aux vieillards, infirmes ou incurables (Loi du 14 juillet 1905).

1° **Demande.**

2° **Bail.**

3° **Un certificat du maire** ou **du percepteur des contributions directes** faisant connaître celle des catégories à laquelle le locataire appartient effectivement, à quelle date il a été admis et, le cas échéant, à quelle date il a cessé de bénéficier des allocations ou secours.

4° **Un certificat du maire** établissant :

Si le locataire est marié ou célibataire ;

Le nombre des personnes (enfants de moins de 16 ans ou autres) à la charge du locataire.

Le nombre de fils ou de membres de la famille mobilisés qui habitaient avec lui sous le même toit.

5° **Les avertissements** pour acquit de l'impôt général sur le revenu.

ou

Les **certificats** de non-imposition.

Modèle de Demande
d'un certificat lorsque le locataire est exonéré de droit (sur papier libre)

A Monsieur le Maire à

J'ai l'honneur de vous prier de bien vouloir me délivrer un certificat établissant :

1° Si M (*nom, prénoms, profession, domicile*) est attributaire de l'allocation militaire, de l'allocation des réfugiés, des secours de chômage régulièrement organisés par les départements et les communes, des secours permanents des bureaux de bienfaisance ou inscrit sur les listes d'assistance aux vieillards, infirmes ou incurables.

2° Et, dans le cas où il appartiendrait à l'une des catégories ci-dessus : la date à laquelle il a été admis et, le cas échéant, la date à laquelle il a cessé de bénéficier des avantages qui y sont attachés.

Ce certificat est destiné à être joint à une demande d'indemnité pour loyers impayés, conformément à l'arrêté de M. le Ministre des Finances du 10 mai 1918.

Veuillez, etc.

(Signature).

Adresse (*du propriétaire*).

PRÉVISIONS DE L'ARTICLE 15
Quatrième Cas
LE LOCATAIRE EST OU A ÉTÉ AFFECTÉ A UN ÉTABLISSEMENT INDUSTRIEL TRAVAILLANT POUR LA DÉFENSE NATIONALE.
(Loi du 17 août 1915, art. 6)

1° **Demande.**
2° **Bail.**

3º **Un certificat** du maire établissant si le locataire a ou non, et le cas échéant, pendant quelle période de temps, maintenu son habitation dans les lieux loués.

4º **Un certificat de l'employeur**, faisant connaître, sous sa responsabilité, le montant du traitement, du salaire ou de la rétribution que le locataire reçoit ou a reçue depuis son affectation.

(*Mais ce certificat ne doit être produit que dans le cas où le locataire n'aurait pas maintenu son habitation dans les lieux loués*).

5º **Une attestation du locataire**, appuyée de toutes justifications utiles, faisant connaître le montant du traitement, du salaire ou de la rétribution qu'il recevait avant la guerre.

ou

Un certificat émané du chef d'entreprise chez lequel le locataire était employé avant la guerre ;

ou

Tout autre document susceptible de fournir les renseignements nécessaires ;

6º **Un certificat du maire** établissant :

Si le locataire est marié ou célibataire ;

Le nombre des personnes (enfants de moins de 16 ans ou autres) à la charge du locataire ;

Le nombre des fils ou de membres de la famille qui habitaient avec lui sous le même toit.

7º **Les avertissements** pour acquit de l'impôt général sur le revenu

ou

Les **certificats** de non-imposition, un pour chaque exercice.

Modèle de Demande
de certificat de maintien de domicile (^{sur papier} libre)

A Monsieur le Maire à

J'ai l'honneur de vous prier de bien vouloir me délivrer un certificat établissant :

1° Si M (*nom, prénoms, profession, domicile du locataire*), affecté à un établissement industriel travaillant pour la défense nationale, a maintenu son domicile à   rue   n°   ou s'il a été obligé de prendre une autre résidence en raison de son affectation ;

2° Pendant quelle période de temps il a maintenu son habitation à   rue   n°   ;

Ce certificat est destiné à être joint à une demande d'indemnité pour loyers impayés, conformément à l'arrêté de M. le Ministre des Finances du 10 mai 1918.

A   le   19.

(*Signature*).

Adresse (*du propriétaire*)

Modèle d'une Demande
de certificat de l'employeur (^{sur papier} libre)

Monsieur,

J'ai l'honneur de vous prier de bien vouloir me délivrer un certificat faisant connaître le montant du traitement, du salaire ou de la rétribution que M (*nom, prénoms du locataire*), affecté à votre établissement, reçoit ou a reçu depuis son affectation.

Ce certificat est destiné à être joint, etc. (*voir ci-dessus*).

(*Voir page 12 le modèle de demande d'un certificat de situation de famille*).

PRÉVISIONS DE L'ARTICLE 16

LE LOCATAIRE EST MOBILISÉ OU NON MOBILISÉ MAIS OCCUPE UN LOGEMENT COMPRIS DANS UNE CATÉGORIE DE L'ARTICLE 15

1° **Demande.**

2° **Bail.**

3° **Un certificat** du secrétaire de la Commission arbitrale, attestant que le propriétaire n'a pas administré devant la Commission la preuve que le locataire devait être privé du bénéfice de l'exonération.

(*Pour la période du 1er août 1914 au 1er avril 1918*).

4° **Une copie de la décision** de la Commission arbitrale qui a fixé la réduction accordée au locataire, la dite copie certifiée conforme par le secrétaire de la Commission.

(*Pour la période à compter du 1er avril 1918*).

5° Les **avertissements** pour acquit de l'impôt général sur le revenu.

ou

Les certificats de non-imposition, un pour chaque exercice

PRÉVISIONS

pour toute exonération résultant de conventions librement consenties

1° **Demande.**

2° **Bail.**

3° **Une déclaration** faisant connaître :

Le montant du loyer auquel le bailleur aurait eu droit ;
La quotité de la réduction consentie ;
La période à laquelle elle s'applique.

4º Les **avertissements** pour acquit de l'impôt général sur le revenu.

ou

Les certificats de non-imposition, un pour chaque exercice.

Modèle de déclaration de réduction amiablement consentie (sur papier libre)

Les soussignés M (*nom, prénoms, profession, domicile du propriétaire*).

Et M (*nom, prénoms, profession, domicile du locataire*.

Déclarent qu'il était dû à M (*nom du propriétaire*) une somme de (*en toutes lettres*) pour loyers échus ; que par convention du   19   M (*nom du propriétaire*) a consenti à M (*nom du locataire*) une réduction de (*somme en toutes lettres*) ;

Que cette réduction s'applique aux loyers échus du au

Certifient sincère la présente déclaration.

Fait à   le   19.

Lu et approuvé :   Lu et approuvé :

(*Signature du locataire*).   (*Signature du propriétaire*).

(Les mots **Lu et approuvé** *doivent être écrits de la main de celui qui soussigne*).

Cette déclaration doit être appuyée de toutes quittances ou autres pièces susceptibles de la justifier : une copie du procès-verbal de conciliation, par exemple, si la convention a eu lieu en conciliation.

PRÉVISIONS DE L'ARTICLE 29, § 8 :

L'INDÉMNITÉ, AJOUTÉE A LA PORTION DES LOYERS EXIGIBLES, NE POURRA ÊTRE INFÉRIEURE AUX CHARGES DE LA PROPRIÉTÉ.

Exemple :

Le loyer d'une maison d'habitation est de...... 800 fr.

Le propriétaire a consenti une réduction de.... 400 fr.

Les loyers exigibles sont de............... 400 fr.

L'indemnité sera régulièrement de.......... 200 fr.

En admettant que les charges se montent, dans l'année, à........................... 625 fr.

L'indemnité **ne peut être inférieure à 625 fr. moins les loyers exigibles 400 fr., soit 225 fr.**

Dans ce cas : Aux pièces énumérées, qu'il s'agisse des prévisions des articles 14, 15 et 16, ou des prévisions pour toute exonération résultant de conventions librement consenties, il faudra joindre :

1º **Une déclaration** de la portion des loyers demeurés exigibles ;

2º **Un état des charges** de la propriété correspondant aux locaux ayant fait l'objet d'une exonération ou réduction.

A cet état on ajoutera comme pièces justificatives :

Pour les travaux d'entretien et de réparation : les factures ou mémoires dûment acquittés des entrepreneurs ou fournisseurs.

Pour les annuités des créances hypothécaires : les quittances de ces annuités, avec référence au titre constitutif de l'hypothèque qui est désigné tant par sa date que par le nom et la résidence du notaire.

Pour les impôts : 1º les avertissements ou extraits de rôles relatifs aux contributions foncières et des portes et fenêtres, ainsi qu'aux taxes municipales établies au nom du propriétaire et portant sur le revenu ou la valeur en capital des propriétés ; 2º Toutes quittances ou autres pièces faisant connaître les sommes payées ou dues par le propriétaire au titre des taxes municipales autres que celles visées ci-dessus (*taxes de balayage, de pavage, d'écoulement direct à l'égout, etc.*)

Pour les assurances : Les quittances de primes, avec référence à la police qui est désignée tant par sa date que par le nom et l'adresse de l'assureur.

Modèle de déclaration
des loyers demeurés exigibles

Je soussigné M (*nom, prénoms, profession, domicile du propriétaire*)

Déclare à M. le Directeur de l'enregistrement, des domaines et du timbre à   que la portion des loyers demeurés exigibles d'un immeuble sis à   rue   nº   se monte à la somme de (*en toutes lettres*).

et que je prétends bénéficier des dispositions de l'article 29, paragraphe 8 de la loi du 9 mars 1918.

A   le   19

(*Signature*).

ÉTAT DES CHARGES

De la propriété de M (nom, prénoms, profession, domicile du propriétaire) **sise à**
rue   n°

NATURE DES CHARGES	RÉFÉRENCES	1914	1915	1916	1917	1918
Travaux d'entretien et de réparation —	Mémoire de M du					
Annuités de créances hypothécaires	Quittancé du au (titre constitutif du) 19 devant Me , notaire à rue , n°					
Impôts —	Avertissements (Contributions foncières et portes et fenêtres), Taxes municipales (taxes de balayage, de pavage, d'écoulement direct à l'égoût, etc).					
Assurances	Quittance du , 19 (Police du 19 , Cie X à).					

TOTAUX PAR ANNÉE

TOTAL GÉNÉRAL

Cet État doit être fait sur format écolier (sur papier libre).

Titre de Créance

Il sera remis à chaque propriétaire ayant droit à l'indemnité un **Titre de créance**

non négociable :

Ce titre ne pourra faire l'objet de ventes successives, entrer dans le commerce.

Il pourra être délégué :

Le propriétaire à qui il aura été délivré pourra demander qu'une partie de sa créance soit remise en paiement à son créancier hypothécaire.

Le créancier hypothécaire **devra** accepter cette délégation jusqu'à concurrence des intérêts, arrérages et annuités qui lui seront dus.

Avances sur titre :

Les **Titres** de créances pourront faire l'objet d'avances dans les conditions qui seront déterminées par le Ministre des Finances.

Transports :

Les **Titres** de créances pourront faire l'objet de transports.

Le transport s'opère par la remise du titre ; mais il doit être signifié au débiteur, c'est-à-dire à l'Etat.

Payement de l'indemnité

Les indemnités seront payées en **dix termes annuels**, sans que le premier terme puisse être inférieur à 1.000 fr. ou à la totalité, si la créance n'atteint pas ce chiffre.

Le premier terme sera versé dans le mois de la date de la décision ministérielle statuant sur la demande en indemnité.

Les termes non échus porteront intérêt à 5 % l'an.

Les intérêts **seront payables chaque année** en même temps que les termes successifs.

Sursis

pour le payement des contributions

Le propriétaire d'un immeuble loué qui, par l'effet des décrets moratoires rendus en matière de loyers, était privé de tout ou partie des revenus de l'immeuble **avait**, aux termes de l'article 5 de la loi du 29 juin 1917, **le droit d'obtenir**, pour les contributions directes et taxes assimilées afférentes audit immeuble, **une suspension de payement** proportionnelle à la perte de revenu subie.

Les suspensions de payement **auraient du cesser** de produire effet à compter du 1er avril 1918 ; mais le Ministre des Finances **a décidé que la déchéance ne serait pas opposée d'une manière définitive** aux réclamations qui n'ont pas été présentées dans les trois mois de la promulgation de la loi du 9 mars 1918, c'est-à-dire avant le 11 juin (circulaire du 23 juin, 1918).

A cet effet, il distingue **trois catégories de propriétaires** savoir :

1o Propriétaires ayant obtenu un sursis de payement en vertu de la loi du 29 juin 1917 ;

2o Propriétaires ayant demandé ce sursis, mais ne l'ayant pas encore obtenu ;

3o Propriétaires n'ayant pas encore demandé ce sursis au moment de la promulgation de la loi du 9 mars 1918, mais remplissant les conditions pour l'obtenir.

Les propriétaires de la première catégorie conserveront d'office le sursis de payement.

Les propriétaires des deux dernières catégories doivent, pour bénéficier d'un sursis proportionnel aux pertes de loyer subies, faire connaître au percepteur leur situation **verbalement** ou **par écrit**.

Le percepteur **doit surseoir au recouvrement**, mais il **peut inviter** le contribuable **à faire parvenir** à la perception les **renseignements utiles** pour déterminer la partie des contributions susceptible de faire l'objet d'une remise d'impôt et par suite d'un sursis.

Devoirs du Propriétaire

Mais, quand le sursis est ainsi obtenu, le devoir du propriétaire est de régulariser sa situation. soit :

1º En formant une demande de dégrèvement, **si la perte de loyer est devenue définitive.**

2º En saisissant la Commission arbitrale **si la perte de loyer n'est pas devenue définitive.**

ou

En faisant la preuve que son locataire ne peut être cité devant la Commission que six mois après sa libération ou la cessation des hostilités.

Les propriétaires qui, préalablement à la demande de dégrèvement, auraient à saisir la Commission arbitrale **ne bénéficieront du sursis**, qu'à la condition par eux de produire au percepteur, **dans le délai de deux mois à partir de l'ouverture de la première session de la Commission arbitrale** du lieu de la situation de l'immeuble, soit :

1º **Un récépissé** de la demande introduite devant la Commission..

ou

Une déclaration, signée par eux et faisant connaître, sous leur responsabilité :

1° **Le nom** du ou des locataires ne pouvant être appelés ;

2° **Le montant total annuel des loyers de l'immeuble** ;

3° **Le montant, par année, des loyers impayés.**

Les propriétaires sont autorisés à comprendre dans cette déclaration **les locataires qu'ils ne croient pas devoir citer immédiatement devant la Commission arbitrale,** bien qu'ils ne soient ni mobilisés ni visés par l'article 20 de la loi du 9 mars 1918.

En pareil cas, les propriétaires **devront indiquer** dans la déclaration **les motifs** de la non-citation.

Le **délai de deux mois** dont il est parlé plus haut ne comporte **aucune forclusion,** mais le propriétaire pourra être **poursuivi** pour le payement de ses contributions. Les poursuites **seraient suspendues** dès qu'il produirait l'une ou l'autre des pièces dont il a été ci-dessus question.

Modèle

de déclaration au percepteur (sur papier libre)

Je soussigné M (*nom, prénoms, profession, domicile du propriétaire*), propriétaire d'un immeuble sis à
    rue   n°

Déclare que les locataires dont les noms suivent ne peuvent être appelés devant la Commission arbitrale ou avant leur libération ou avant les six mois qui suivront le décret fixant la cessation des hostilités.

1° M (*nom, prénoms, profession, domicile du locataire*) mobilisé.

2° Mme (*id.*) veuve de militaire mort sous les drapeaux.

3° Mme (*id.*) dont le mari est signalé comme disparu.

4°. Mme *(id.)* qui vivait habituellement avec

M. *(id.)* et était à sa charge, mort au champ d'honneur.

5° M *(id.)* réformé à la suite de blessures reçues à la guerre.

Le montant total annuel des loyers de l'immeuble est de *(somme en toutes lettres)*.

Le montant des loyers impayés est de :
(somme en toutes lettres) pour l'année 1914.

(id.) pour l'année 1915,

etc.

Certifie sincère la présente déclaration.

A le 19

(Signature).

Remises proportionnelles des impôts

Les remises proportionnelles d'impôts susceptibles d'être accordées en cas de réduction ou d'exonération de loyer **sont de droit**, pourvu qu'elles aient été demandées en temps voulu.

Délais

Les demandes doivent être faites, **à peine de forclusion, dans les trois mois** qui suivront la date à laquelle la réduction ou l'exonération de loyer sera devenue définitive, **c'est-à-dire lorsque la situation du locataire aura été réglée,** soit par la loi, soit par une décision de la Commission arbitrale, non frappée d'appel, ou par une décision du président de cette Commission prononçant en dernier ressort comme arbitre-amiable-compositeur, soit par une transaction librement consentie entre le bailleur et le preneur.

Les remises proportionnelles d'impôts doivent être demandées dans les formes prescrites pour la présentation des demandes pour vacances de maison.

Elles sont limitées à la période comprise entre **le 1ᵉʳ août 1914 et la date d'expiration du délai de six mois** qui suivra le décret fixant la cessation des hostilités.

Elles sont **proportionnelles** à la perte de revenu **subie effectivement** par le propriétaire, c'est-à-dire au montant annuel des loyers non encaissés, déduction faite, le cas échéant, de l'indemnité servie au bailleur par l'Etat.

Réclamation

La Réclamation est adressée au Préfet ou au Sous-Préfet ; elle constitue la PREMIERE PIECE.

Cette réclamation doit être faite sur timbre à 1 fr., si la cote est égale ou supérieure à 30 fr., sans se préoccuper du dégrèvement qui sera accordé.

A cette demande, il faut joindre, après l'avoir rempli, un **Bulletin justificatif** qui constitue la DEUXIEME PIECE.

Des bulletins justificatifs

Les Bulletins justificatifs sur lesquels se trouvent consignés les divers renseignements à fournir **sont mis gratuitement**, dans les mairies, à la disposition des contribuables intéressés pour être remplis par eux et annexés à leurs réclamations.

Ils sont dénommés : **Modèle n° 2** ou **Modèle n° 2 bis**.

Le modèle n° 2 est destiné à être utilisé dans les villes où la matrice est rédigée dans l'ordre topographique, c'est-à-dire où chaque article du rôle ne concerne qu'un seul immeuble.

Le modèle n° 2 bis dans les autres communes, c'est-à-dire dans celles où la matrice est rédigée dans l'ordre alphabétique.

Calcul de la remise
ou dégrèvement

Si le propriétaire, soit en raison du revenu imposé ou susceptible de l'être, en cas de déclaration différée, **ne peut prétendre** à l'indemnité de l'Etat : Le dégrèvement est calculé d'après **le montant total des loyers définitivement perdus**.

Si, au contraire, le propriétaire remplit les conditions voulues pour bénéficier de l'indemnité : Le dégrèvement **sera calculé sur les 50 % du total des loyers définitivement perdus**.

Dans le cas où l'indemnité **serait inférieure à 50 % des**

loyers perdus, le propriétaire pourra demander : **Un dégrèvement complémentaire** correspondant à la réduction de l'indemnité.

Au contraire, lorsque l'indemnité ajoutée à la portion des loyers exigibles sera inférieure aux charges de la propriété et que le propriétaire aura, de ce fait, bénéficié d'une indemnité **supérieure à 50 % des loyers perdus**, la décision préfectorale ayant statué sur la réclamation sera dénoncée : le trésor se fera rembourser le montant des impôts dont le dégrèvement **aurait été accordé en trop**.

Modèle de demande
de remise ou dégrèvement d'impôts

A Monsieur le Préfet
du département de

J'ai l'honneur de vous faire connaître que, par convention du   19   , j'ai consenti à mon locataire M (*nom, prénoms, profession, domicile du locataire*), à   rue   no   sur loyers se montant à (*somme en toutes lettres*), une réduction de (*somme en toutes lettres*)

ou

J'ai l'honneur de vous faire connaître que, propriétaire d'un immeuble sis à   rue   no , j'ai, du fait de l'application de la loi du 9 mars 1918, subi une réduction de (*somme en toutes lettres*).

Je vous prie, en conformité de l'article 31 de la loi du 9 mars 1918, de bien vouloir m'accorder la remise proportionnelle des impôts correspondant aux loyers définitivement perdus.

Veuillez agréer.

(*Signature*).

TABLE DES MATIÈRES

Pour bien lire le texte, pour bien comprendre le sens et la portée de la loi du 9 mars 1918.

Demander chez Mmes JOUVEAUX, place de la Halle-au-Blé, Alençon.

Le " TABLEAU SYNOPTIQUE "

De la loi du 9 mars 1918, relative aux modifications apportées aux baux à loyer par l'état de guerre.

De M. A. POTIER, Juge au Tribunal Civil, Président de la Commission arbitrale de l'arrondissement d'Alençon.

Prix : 2-fr. 25

BON pour

Un Tableau Synoptique

au prix réduit de :

1 fr. 50

Pour tout acheteur des Formalités à remplir

IMPRIMERIE ALENÇONNAISE, 11, RUE DES MARCHERIES